W9-BLI-449

Iván Córdoba

¡A la Cumbre!

2012: Anuncia su retiro en mayo.

2011: El 9 de julio, adquiere la ciudadanía italiana.

2010: El mejor año para Iván, luego de obtener con el Inter cinco títulos: la Copa Italia, la Liga Italiana, Liga de Campeones, la Súper Copa de Italia y el Mundial de Clubes.

Se casa con María Isabel Yepes, su esposa, con quien procreará tres hijos: María Paloma, María Belén y Juan José.

El departamento de Antioquía le condecora con el Escudo de Antioquía categoría oro, por sus logros deportivos, y por su fundación "Colombia te quiere ver".

2007: Renuncia a la selección de Colombia por diferencias de opinión con el entrenador Jorge Luis Pinto.

2005: El Inter gana la Copa Italia al vencer al Roma. Iván Ramiro conquista su primer trofeo en Italia y levanta la copa como capitán del plantel, en sustitución de Javier Zanetti.

2001: Anota contra México en la final de la Copa América, dando el triunfo a Colombia y el único título de la selección mayor.

1999: En diciembre es adquirido por el Internacional de Milán por 17.3 millones de dólares, el fichaje más caro en la historia del fútbol colombiano, luego de declinar una oferta del Real Madrid.

1998: Tras su contratación a finales de 1997 por el club San Lorenzo de Almagro, debuta en el fútbol argentino el 19 de febrero, donde permanecerá menos de dos años.

1997: Debuta en la selección nacional el 14 de mayo en Nueva York, en un partido contra Metro Stars.

1996: Debuta en la primera división con la camiseta verde de Nacional, en Medellín, frente al Deportivo Pereira.

1993: Se inicia profesionalmente en Deportivo Rionegro.

1976: Nace en Rionegro, Antioquía, el 11 de agosto.

Ficha personal

Nombre: Iván Ramiro Córdoba Sepúlveda

Apodos: el Mariscal

Lugar de nacimiento: Rionegro, Colombia

Nacionalidad: Colombiana / Italiana

Signo: Leo

Altura: 1.73 metros

Posición: Defensa

Camiseta en el Inter de Milán: 2

Récord: 190 partidos recibiendo su equipo sólo 156 goles, menos de uno por encuentro.

ISBN-13: 978-1-4222-2599-8 (hc) — 978-1-4222-9142-9 (ebook)

Impresión (último dígito) 9 8 7 6 5 4 3 2 1
Impreso y encuadernado en los Estados Unidos.
CPSIA Información de cumplimiento: lote S2013.
Para más información, comuníquese con Mason Crest a 1-866-627-2665.

ACERCA DE LOS AUTORES

Gustavo Vázquez-Lozano nació en Aguascalientes, México. Es escritor y editor independiente. Ha escrito novela, biografía y ensayo. Colabora en diversos medios impresos de México y Estados Unidos. Autor de *La estrella del sur* (Ediciones SM, 2003), recientemente publicó Todo acerca de los Beatles (Otras Inquisiciones, 2010).

Federico Vargas Bénard nació en la ciudad de México. Es colaborador asiduo de la sección deportiva en el periódico *La Jornada de Aguascalientes*.

Créditos de las fotos: EFE/Paolo Aguilar: 1; EFE/EPA/Matteo Bazzi: 17; EFE/Maurizio Brambatti: 24; EFE/Montserrat T. Diez/MTD: 21; EFE/Ali Haider: 29; EFE/Guillermo Legaria: 22; EFE/Emilio Naranjo: 26, 28; AFP/Getty Images: 4, 7, 14; Lev Radin / Shutterstock.com: 2, 10.

CONTENIDO

Iván Ramiro Córdoba levanta el trofeo de la Copa América el 29 de julio de 2001. Gracias a su histórico gol, la selección de fútbol de Colombia por primera vez se consagró campeona del torneo al vencer a México 1-0.

El gol más importante para Colombia

HAY PARTIDOS DE FÚTBOL QUE PROVOCARON GUERRAS. HAY otros que las desafiaron y, al unir a un país entero, intensificaron el anhelo por la paz. Uno de esos partidos, dignos de entrar a los libros de historia, se llevó a cabo en Bogotá, el 29 de julio de 2001. Los invitados eran las selecciones de México y Colombia.

Para la selección de casa se trataba de mucho más que ganar un partido de fútbol. Era también demostrar que la Copa América 2001, llamada la Copa de la Paz, podía unir en el deporte a una nación que se resistía valientemente a ceder a las amenazas. Aquel verano de 2001, lista para jugar la final del torneo, en medio de una euforia que no se había visto antes, Colombia tenía la oportunidad no sólo de conquistar el campeonato, sino dar a su gente la más grande alegría futbolística en la historia.

La copa de la paz

El escenario era el estadio Nemesio Camacho, el Campín, donde más de 45 mil aficionados se habían reunido para ver a su selección, que llegaba a la final sin haber perdido un solo juego. El equipo de México era el último obstáculo para demostrar al mundo que Colombia estaba de pie, deportiva y espiritualmente.

México venía como país invitado. En opinión de muchos no daría grandes dificultades. Sin embargo, el encuentro no fue nada fácil. Los mexicanos se estaban defendiendo tercamente y no dejaban que los locales generaran opciones de peligro. El estadio nunca dejó de alentar. En la grada se escuchaban como un insistente rezo los cantos de "Colombia, Colombia". La Tricolor no se daba por vencida y la resistencia mexicana comenzaba a flaquear.

Iván Ramiro Córdoba, defensa y capitán del equipo, entró para cambiar la historia. Era ya el segundo tiempo y el partido seguía con un desazonante empate a cero. En el minuto 65 vino una falta desde la banda derecha y Colombia, con sus avances desarticulados por la férrea defensa de México, tuvo una nueva ocasión de gol. Iván López envió un magnífico centro al área, al punto penal, donde los jugadores se hacen grandes o se quedan cortos; los once pasos al gol. El mexicano Jared Borgetti era el encargado de cubrir a Ramiro, quien parecía ser una marca fácil: Jared es 13 centímetros más alto y, sin duda, el mejor cabeceador de los dos. Pero el mexicano no contaba con la plasticidad y corazón del capitán colombiano, Iván

Ramiro Córdoba, cuyo salto es tal vez su principal virtud. Córdoba remató con la cabeza y le regaló a la afición el anhelado gol. La felicidad descendió como un baño de luz sobre la selección, sobre los 45 mil espectadores y sobre 40 millones de colombianos.

"El día más feliz de mi vida"

El remate de Iván Ramiro ganó para Colombia el primer título de la Copa América, cuya final se decidió con un solo tanto, un solo gol que trajo muchos años de felicidad deportiva.

Aquel gol representaba mucho más que una victoria deportiva. Significaba la consagración de uno de los mejores equipos en la historia de la copa, justificó que Iván se convirtiera en ídolo y permitió unir a un país entero. Fue quizá el gol más importante en la historia del fútbol colombiano. Un gol de una calidad estética impresionante y con un grado de dificultad enorme, que jamás será olvidado por su belleza y sobre todo por su trascendencia. "Es para toda Colombia", dijo Iván entre lágrimas, con la voz entrecortada. "Es para

En 2012, el Museo Nacional de Colombia instaló una exposición titulada "Un país hecho de fútbol", donde se recuerdan los episodios más importantes en la historia del fútbol colombiano. Además de objetos pertenecientes a jugadores, audios radiales y conferencias, el museo exhibe, entre otras cosas, una fotografía de Iván Ramiro Córdoba anotando el gol más importante de la Tricolor, en la final de la Copa América 2001.

que seamos un país mejor. Este es un triunfo de todos."

En realidad, aquella Copa América se había ganado dos veces: una en el estadio y la otra, la más importante, ante la comunidad internacional, en la defensa que el país había hecho para que no se llevaran la copa a otro lado, para que la confianza se depositara en Colombia, a pesar de las amenazas. ¿Pero de dónde había salido este

El defensor Iván Córdoba celebra luego de anotar el gol de la victoria ante México, el 29 de julio de 2001, en el estadio Nemesio Camacho de la ciudad de Bogotá, Colombia.

defensa de mirada apacible y feroz juego, que ya un año atrás había comenzado a jugar en Italia?

Primeros pasos profesionales

Iván Ramiro Córdoba Sepúlveda nació en Rionegro, el 11 de agosto de 1976, entre la esperanza y la tragedia, en tiempos convulsos y de renacimiento para Colombia, el mismo año que el Nacional se coronaba campeón del fútbol colombiano bajo la dirección del legendario entrenador Osvaldo Zubeldía. Como para indicar desde entonces que este jugador, ligado siempre al Nacional, su cuna en el fútbol, estaría destinado a cosas grandes.

Su madre solía ofrecerse de voluntaria en los hospitales y transmitió al pequeño Iván la preocupación por los más necesitados. A la familia no le sobraba el dinero, pero siempre tenía algo que dar. Su padre trabajaba en un banco. La empresa tenía su propio equipo de fútbol. "Comencé a jugar con mi papá, que era aficionadísimo y me llevaba siempre a ver los partidos que jugaba con su equipo del trabajo. No se me olvida que antes de los partidos jugábamos un poco juntos."

Como tantas estrellas de Colombia, México, Uruguay o Argentina, Iván Ramiro aprendió a jugar en las calles con sus amigos, después de las horas de escuela. "Yo vivía en un pueblo a una hora de Medellín, pero las carreteras eran desastrosas; recuerdo los viajes para ir a entrenar todos los días con la selección de la región; las escapadas del colegio por ir a entrenar."

Fue en el club Deportivo Rionegro donde Iván Ramiro dio sus primeros pasos como futbolista. Fue admitido en la categoría juvenil. El club, fundado en 1939, estaba en la segunda división de Colombia y en 1993, con tan sólo 17 años de edad, hizo su primera aparición profesional. "Ahí comencé a jugar y a entrenar con cierta disciplina. Recuerdo que el entrenador era Jorge Humberto Echeverri que se inició muy joven como director técnico." Iván probó varias posiciones: como delantero, como medio, como defensa e incluso como goleador, pero su mayor fortaleza estaba en la defensa, como un dique contra los ataques del equipo contrario, apoyado en su velocidad. "Siempre supe correr. De niño en el colegio fui uno de los más rápidos. Cuando llegué al fútbol, los técnicos siempre se asombraban."

En 1995 los dos más célebres jugadores de Rionegro eran Iván Ramiro y Mario Alberto Yepes, futuros seleccionados nacionales. Tras 42 encuentros con el Rionegro, el primero de ellos daría el gran salto de calidad hacia la categoría Primera A.

El detalle

La celebración favorita de Iván es la Navidad, que siempre quiere pasar en su natal Rionegro. Recuerda como su mejor regalo un disfraz del Hombre Araña.

Atlético Nacional

En el verano de 1996 Córdoba firmó un convenio con Corporación Deportiva Club Atlético Nacional, mejor conocido como Atlético Nacional, por una cantidad desconocida. Se rumora que fueron 50 mil euros. El Atlético Nacional es uno de los equipos más populares en Colombia y uno de los tres clubes que ha jugado todas y cada una de las temporadas en la división de honor. Fue fundado en 1947 y desde aquel año ha ganado 11 títulos de la Categoría Primera A y una copa Libertadores, entre otros torneos.

Por la historia, la tradición y el reconocimiento internacional del club, el reto para Iván Córdoba era enorme; la expectativa aún mayor. Sin embargo, su rapidez y capacidad de salto lo convirtieron en la gran revelación. Debutó el 14 de marzo de 1996 en un partido contra el Deportivo Pereira. Juan José Peláez, en aquel momento técnico del club, le había dicho a su llegada: "Si quieres tener un lugar aquí debes correr más que cualquier otro." Esas simples palabras de motivación fueron suficientes para que el defensa, ya en la segunda temporada, se ganara el puesto titular y la atención de los hinchas en el torneo de ese año.

Entre otros grandes jugadores, tuvo la oportunidad de compartir equipo un tiempo con el legendario René Higuita, que jugó su último año con el Atlético Nacional en 1997, antes de partir a México. Todo indicaba que Iván Ramiro tendría una excelente carrera y que las cosas sólo podían mejorar. Sin embargo, en mayo de 1997 estuvo a un paso de dejar el fútbol.

¿Ingeniero forestal?

A pesar de contar con una carrera deportiva en escenso, Iván no quiso despegar los pies de la tierra. Aconsejado por sus padres, continuó sus estudios como bachiller técnico indusrtrial con especialidad en mecánica. Llegado el momento de elegir una profesión, decidió inscribirse en la carrera de ingeniero forestal y dar prioridad a la preparación académica. El 14 de mayo de 1997 había en su agenda una cita para acudir a presentar examen de admisión en la Universidad de Antioquía y, con ello, dar un giro total a su vida.

Pero el destino tenía otros planes. El 10 de mayo, apenas cuatro días antes de la fecha fijada para el examen, recibió una llamada que cambiaría su vida. Era Hernán Darío, el "Bolillo" Gómez, el técnico de la selección nacional de Colombia, que tenía una propuesta que lo llenó de temor y alegría a la vez.

Capítulo 2

Iván debutó con la Tricolor en un juego amistoso en Nueva York. Ha participado en 71 juegos con la selección y marcado cinco goles.

Una camiseta con historia

EL 10 DE MAYO EL TÉCNICO NACIONAL, EL "BOLILLO" Gómez, llamó a Iván Córdoba para decirle que necesitaba su pasaporte, pues viajaría a Nueva York con la selección mayor de su país para jugar un partido amistoso. Una grave disyuntiva estaba sobre la mesa: ¿examen de admisión a la universidad o selección nacional de fútbol?

Debut con la selección

La decisión fue contundente. Córdoba optó por jugar fútbol tiempo completo. ¿Qué hubiera pasado de haber ido a la universidad? Probablemente Colombia tendría un buen ingeniero forestal más, pero tal vez no una Copa América y, seguro, no existiría este libro sobre una de sus máximas estrellas deportivas. Así, días después, Ramiro abordó el avión a Estados Unidos con el resto de los seleccionados para jugar contra el MetroStars.

El viaje fue todo un éxito: Colombia derrotó dos goles a cero a los MetroStars, Iván cumplió un sueño de la infancia y, para cerrar con broche de oro, se ganó un lugar en la convocatoria para ir a la Copa América 1997, que se realizaría en Bolivia. Ahí comenzó a exhibir seriamente sus habilidades como defensa y conquistó un puesto seguro en la Tricolor. Iván heredaría la camiseta número dos, que no era cualquier número. Una gran tragedia pesaba sobre ese dorsal y tocaba a Iván llevarlo con respeto.

La tragedia del dorsal número 2

La Copa América en Bolivia representaba para Colombia un reto importante. Primero, porque la Tricolor estaba en medio de una crisis futbolística. La espléndida generación del 94, que había brillado con jugadores como Óscar Córdoba, Adolfo "el Tren" Valencia y el mítico "Pibe" Valderrama, estaba ya a la baja. Ellos habían llevado a Colombia a tres Mundiales consecutivos y, de todos, el de 1994 en Estados Unidos había sido el más ansiosamente esperado.

Aquel año, Colombia había llegado a Norteamérica como potencia deportiva y con una expectativa entre su afición que, ni antes ni después, había generado. Aquel equipo jugaba bien: sabía ocupar y abrir toda la cancha, eran rápidos, fuertes; tenían un medio campo muy equilibrado y una

El detalle

El ídolo de Iván es Andrés Escobar, el defensa colombiano cuya camiseta heredó y a quien un asesino arrebatara trágicamente la vida. Otros grandes jugadores que admira son el "Pibe" Valderrama, René Higuita, Ronaldo y Roberto Baggio.

columna vertebral de alta jerarquía. Habían clasificado al Mundial sin problemas y se esperaba que cambiaran para bien la historia del fútbol colombiano. La realidad fue otra. La selección se convirtió en una gran decepción con un desconcertante mal desempeño que los descalificó en la primera fase, la ronda de grupos.

Pero esa catástrofe fue opacada por otra que ocurrió cuando el grupo llegó a casa. El 2 de julio en Medellín, Andrés Escobar, defensor central colombiano de 27 años, fue asesinado a balazos. Había muerto camino al hospital. Su falta: ser autor de un autogol no intencional. Esa era la tragedia que pesaba sobre la camiseta número dos. Un cobarde asesino a las órdenes de grandes apostadores había segado la vida del talentoso joven. El lamentable hecho dio la vuelta al mundo. Más de 120 mil personas fueron al funeral, incluso el presidente, para dar el último adiós a Andrés Escobar, despedido junto con su número dos, que ahora llevaría en el pecho y, a la postre, engrandecería Iván Córdoba.

Copa América 97

El año 1997 se tradujo en grandes logros en la vida de Iván. Su fichaje con el Atlético Nacional comenzó a dar los frutos esperados y con la convocatoria a la selección nacional, pasaba por un gran momento. Sus actuaciones explosivas, impecables en la defensa lo habían convertido en un favorito de la afición del Nacional. Después del amistoso en Nueva York con la Tricolor, disputó su primer torneo internacional en el mes de junio, en Bolivia. La Copa América de 1997, escaparate donde brillaron artilleros como Ronaldo, Romario, Luis Hernández y Erwin Sánchez, dio sin embargo pocas alegrías a un país que todavía tenía fresco en la memoria el desastre del 94.

El 21 de junio la selección colombiana cayó ante el equipo local, Bolivia, apenas en cuartos de final. Tal vez no había sido la mejor copa, pero para Iván Ramiro había representado su primera e inolvidable experiencia de alto nivel. Además, cada juego le reportó la certeza de que todavía podía dar mucho más, de que la próxima vez sería mejor.

Francia 98

Ese mismo año participó en las eliminatorias para el Mundial de Francia 1998. La Tricolor consiguió su boleto a Europa con la esperanza de, cuando menos, pasar a la segunda ronda. Sus rivales de grupo eran Rumania, Inglaterra y Túnez. Tras perder contra los dos primeros, los colombianos dejaron el Mundial al término de la primera fase. Iván, entonces de apenas 21 años, vio todos los partidos desde la banca. Ese fue, en sus propias palabras, uno de los momentos más tristes de su carrera.

Al fútbol argentino

En 1997 el Atlético Nacional se coronó campéon de la Copa Interamericana en 1997. Ya Iván Ramiro había despertado interés en varios clubes de Argentina. El San Lorenzo de Almagro, dirigido por Óscar Ruggeri, una de las leyendas argentinas que había conquistado la Copa del Mundo 1986, supo que necesitaba el talento de Córdoba a como diera lugar.

Hechas las negociaciones, a fin de año se firmó el contrato de transferencia que ascendió a un millón 800 mil dólares. Iván comenzaría a jugar en Argentina a partir de 1998. De esa forma, el joven de Rionegro se despedía del Nacional, su primer hogar futbolístico en la primera división, donde había jugado 53 partidos y marcado un gol.

Si la experiencia con un gigante como el Atlético Nacional había sido un verdadero reto, el paso a uno de los más grandes y prestigiosos clubes de Argentina sería absolutamente demandante a nivel físico y emocional. Pero Iván estaba listo para grandes alturas.

Colombia ha participado en cuatro Mundiales de Fútbol, pero Iván nunca ha jugado en uno. Éste será, aparentemente, su gran sueño sin realizar. En Francia 1998 acudió como suplente y no pudo pisar la cancha. Desde entonces, la selección de Colombia no ha calificado para la máxima fiesta del balompié. El máximo trofeo que ha conquistado la Tricolor es la Copa América en 2001.

Aunque no tuvo la oportunidad de conocer personalmente a Andrés Escobar, para Iván "jugar con el número 2 ha sido una forma de rendirle homenaje a ese gran jugador que fue Escobar".

San Lorenzo de Almagro

La afición argentina es una de las más exigentes y peligrosas, y en San Lorenzo todo se potencializa debido a su estatus de élite en el fútbol de la AFA. Con ciento cuatro años a partir de la fundación del club, más de un siglo de grandeza reposaba en la camiseta de Iván Ramiro Córdoba. El reto no amilanó al zaguero colombiano, quién en su primera temporada brilló con luz propia. El entendimiento entre Iván y el Cabezón Ruggeri fue inmediato. Como

Iván, Óscar Ruggeri había sido central y defensa natural. Por eso, las enseñanzas en ese período fueron abundantes y significaron oro para el futuro de Ramiro, quien desarrolló velocidad y sentido de anticipación. Comenzaba el surgimiento de uno de los mejores centinelas del mundo.

Muchos scouts europeos comenzaron a notar su fuerza y saltabilidad, la precisión de sus cierres y la impresionante velocidad que le ayudaba a adelantarse en todas las jugadas. "De Ruggeri aprendí mucho cuando llegué a San Lorenzo", recuerda Iván. "Me ofreció una oportunidad de jugar como central, me enseñó los trucos que él utilizaba cuando era jugador activo y (...) siempre tuvo buenos calificativos hacia mí".

Las jornadas eran tan duras que había momentos en que Ramiro se veía tentado a regresar a su casa. "Allá el entrenamiento es muy fuerte. Hubo momentos en los cuales llegaba al hotel y me colocaba dos baldes de hielo del dolor que tenía (...) pero pudieron más las ganas de progresar y ser un gran futbolista." Iván no estuvo presente los primeros partidos del Torneo Apertura por estar en la selección colombiana; sin embargo, en el de Clausura se dedicó a desarmar con inteligencia las llegadas del rival.

Su estadía con San Lorenzo no fue larga. Tras 61 partidos al más alto nivel argentino y habiendo conseguido nueve goles, la vida le presentó una nueva y más ambiciosa oportunidad, de cumplir un sueño que confesó haber abrigado de niño: jugar en el fútbol italiano.

Italia

EN EL MERCADO INVERNAL DE 1999, DOS DE LOS MEJORES equipos del mundo pusieron su mirada en Iván Córdoba: el Real Madrid y el Inter de Milán. Iván era ya un talento reconocido, y aunque un pase al Real Madrid le hubiera dado celebridad inmediata, el colombiano era un seguidor confeso del Inter. No había duda sobre a quién escogería.

Internazionale Milano

Por el Inter, un equipo lleno de celebridades, habían pasado Ronaldo, Roberto Baggio y Javier Zanetti. Iván aceptó la oferta italiana y en diciembre se firmó su traspaso por 17 millones de dólares, el fichaje más alto de un colombiano en la historia. Italia se llevaba a uno de los grandes, alguien que, en palabras de Javier Álvarez, técnico de selección, reunía "velocidad y anticipo. No le teme a los rivales

grandes y los enfrenta con fortaleza".

La llegada de Córdoba al Internazionale Milano trajo un cambio radical en su vida. El joven de Antioquía ahora viviría en en un país ajeno a su experiencia y habría de competir en la máxima categoría de una de las mejores ligas del mundo. Como parte de la zaga central de su nuevo equipo, le tocaría frenar el avance de los mejores delanteros de Italia y Europa. De esta época Iván recuerda uno de los mejores

consejos que ha recibido en su vida. Se lo dio su entrenador y amigo en el San Lorenzo, Óscar Ruggieri: "Usted va a ir al Inter y no se puede creer menos que los demás jugadores como Ronaldo o Zanetti. Porque si por usted vinieron, es porque usted es igual a ellos."

Años de adaptación

En Italia, Iván era un virtual desconocido para la prensa. Muchos sólo lo conocían en papel y la primera opinión que con frecuencia emitían era que sus 173 centímetros de estatura no servirían para marcar a poderosos atacantes de 180 o más. Pero no hizo falta mucho tiempo para que la prensa italiana se percatara de su error. Desde las gradas, los seguidores del Inter también comenzaron a admirar su juego.

Córdoba debutó el 6 de enero de 2000 en el Inter con buenos augurios. Su primer partido fue contra el Perugia y terminó en un abultado triunfo de cinco goles contra cero. En su primera mitad de temporada disputó 19 partidos, se hizo rápidamente de la titularidad y fue nombrado segundo

capitán de los Nerazzurri. En la siguiente temporada jugó 23 partidos y sus buenas actuaciones influyeron, sin duda, para que obtuviera no sólo un lugar en la Copa América 2001; también había sido designado capitán para marcar el camino a la Tricolor.

La tormentosa Copa

En el verano de 2001 Ramiro Córdoba regresó al continente americano para disputar su tercera Copa América, que esta vez sería en casa, en Colombia, por primera vez en la historia. El torneo cambiaría, para bien, la vida de todos los habitantes del país y dejaría un recuerdo imborrable en el defensa del Inter. Pero la organización del torneo había sido una guerra de nervios. Cuando se dio la patada inaugural en el estadio de Barranquilla, muchos no sabían que quedaban atrás meses de negociaciones y amenazas de suspensión del torneo.

La designación de Colombia como sede de la Copa se había firmado décadas atrás, en 1987, a partir de un acuerdo firmado por la Confederación Sudamericana de Fútbol, en el cual se generaba la rotación de la sede para los torneos de 1989 a 2005. Cuando este acuerdo se consolidó, los organizadores no sospechaban la difícil situación que estaría viviendo Colombia esos años.

Fueron sobre todo las amenazas de terrorismo las que pusieron en riesgo la organización del torneo. Muchas señales de alerta ocurrieron en los días previos al

Iván celebra un gol con el Inter de Milán en 2004.

partido inaugural. El dirigente Hernán Mejía Campuzano fue secuestrado y algunos países cancelaron su participación. En medio de esta pesadilla, Brasil se ofreció rápidamente para sustituir a Colombia como anfitrión. Colombia ya había tenido que renunciar en 1986 a hacer el Mundial de Fútbol. Ahora, en 2001, nadie quería que la historia se repitiera. Al final, el continente decidió confiar en el país.

Camisetas blancas

Después de muchos nervios, el partido inaugural entre Chile y Ecuador arrancó la Copa el 11 de julio, en el Estadio Metropolitano Roberto Meléndez, Barranquilla. Horas más tarde la anfitriona Tricolor haría su debut iniciando un viaje de 18 días que jamás olvidaría. Colombia ganó con facilidad el primer encuentro contra Venezuela por dos goles a cero. Ramiro Córdoba jugó los 90 minutos y fue el capitán del equipo. En sus apariciones, la selección salía a la cancha con todos los jugadores tomados de la mano y camisetas que rezaban "Un solo equipo por la libertad de todos".

La fase de grupos fue perfecta: tres partidos, tres victorias, cinco goles a favor y cero en contra. Iván capitaneó a su

El detalle

La compañía de juguetes Corinthian Marketing hizo una figura de acción de Iván Ramiro Córdoba, dentro de su colección Demon Defenders. Los coleccionables incluyeron otros defensas como Michael John Reiziger, Fernando Hierro y Fabio Cannavaro.

equipo en los tres partidos con su mítica camiseta número dos y el gafete de capitán en el brazo izquierdo. No jugó el partido de cuartos de final contra Perú, que su selección ganó tres a cero.

Con una defensa impenetrable y una delantera letal, Colombia llegó a la final como amplia favorita. El día más feliz en la vida de Iván estaba por llegar. El 29 de julio de 2001, fecha que ningún colombiano puede olvidar, se jugó la final de la Copa América en el estadio Campín de Bogotá.

Final de ensueño

El partido contra México fue tenso y complicado, pero al minuto 65 Iván Ramiro Córdoba hizo el gol decisivo. El país todo disfrutó con nervio y emoción los 90 minutos que le dieron un lugar en la eternidad del fútbol mundial. Aquellos minutos cambiarían el estado de preocupación nacional por alegría; 5400 segundos intensos que combatieron el terrorismo con fútbol y unidad. Noventa minutos que hicieron olvidar, aun por un momento, los fracasos anteriores; quitaron de golpe los escepticismos sobre la de sede y las dudas que había de que la selección colombiana podía ganar un torneo grande.

Fue una Copa América soñada para la Tricolor y en especial para su capitán, Iván Ramiro Córdoba. La selección se coronó con marca perfecta —6 partidos, 6 victorias— y un impresionante récord de once goles a favor y cero en contra. La selección dio varias vueltas alrededor del estadio y minutos después, su capitán recibió el trofeo de manos del presidente de la Confederación Sudamericana de Fútbol, Nicolás Leóz, con lágrimas en los ojos, ante la emoción desbordada de 45 mil aficionados, en su mayoría colombianos, que atestiguaron aquel momento. La copa relució al sol en las manos de Iván el 29 de julio de 2001.

Córdoba tiene afición por los autos Ferrari. Su película favorita es La vida es bella, su obra de teatro predilecta es El hombre de la mancha y, de libros, El Siciliano. En Italia, su plato favorito es la pasta en blanco y en Colombia la Bandeja Paisa. También es un gran admirador del cantante Juanes. Lo encontró en un vuelo trasatlántico, pero por timidez, no tuvo el valor de acercarse y saludarlo.

Los mejores años

DESDE SU INGRESO A LOS NERAZZURRI, CÓRDOBA demostró de qué estaba hecho. Exhibió técnica impecable, velocidad indiscutible—100 metros en 12 segundos—, liderazgo y personalidad. Con Marco Materazzi, uno de los mejores defensas en la historia del calccio italiano, formó a partir de 2001 una magnífica combinación defensiva.

Pronto fue ascendido a segundo capitán del equipo, en posible sustitución de Javier Zanetti. Sin embargo, en los primeros cinco años Iván Ramiro tuvo que aguardar a que el Inter pudiera conquistar su primer título, cosa que finalmente ocurrió en 2005.

Primer título

En la temporada 2004-2005 llegó el ansiado título, el primero de muchos. Se jugaba la final de la Copa Italia en el estadio Olímpico de Roma. Se enfrentaban dos de los grandes clubes, el Inter de Milán y el AS Roma. Córdoba, partícipe de aquella final, condujo la defensa para mantener el arco en cero y ganar el partido con dos goles.

El partido de vuelta se jugó en el estadio San Siro ante casi 60 mil aficionados. Roma se desbordó al frente e Iván tuvo la formidable tarea de parar

una ofensiva conducida por el gran Francesco Totti. Al final, el Inter se coronó campeón derrotando 1-0 al rival. Ese día no sólo se cumplió el primer objetivo de Ramiro, ser campeón; también dejó claro que estaba en el Inter para rato. Como capitán en sustitución de Zanetti, que no estaba presente, fue el encargado de levantar la copa que ponía fin a siete años de sequía para el Inter.

El escándalo Calciopoli

Ganar la Copa Italia era sólo el primer paso. El verdadero trofeo era el escudete de la Serie A. Éste llegó un año después de ganar la Copa Italia, premio que muchos no reconocen y que dejó un sabor amargo en todos los jugadores del Inter. El gozo no fue completo porque el título fue producto de un escándalo conocido como Calciopoli. Este vergonzoso episodio de la liga italiana ha sido sin duda la mancha más grande que ha vivido ese país en lo que se refiere a deporte. El embarazoso suceso ocurrió en la temporada 2005-2006. El delito: soborno de árbitros. Se descubrió que

cinco equipos de la primera división estaban involucrados. Las víctimas: todos los amantes del fútbol mundial.

Con el escándalo Calciopolis salió a la luz una red de intrigas que buscaba favorecer a ciertos equipos, entre ellos dos gigantes italianos y europeos: el Juventus FC y el AC Milán. El caso recibió mucha atención en los medios de comunicación y sus alcances generaron una parálisis futbolística que duró varias semanas. El caso implicaba a directivos de los equipos y dirigentes arbitrales, particularmente a la Juventus y al Milán.

Al término de la temporada 2005-2006, Juventus se había coronado campeón. Sin embargo, luego de la investigación policial, el equipo de Turín fue fuertemente castigado. La Federación Italiana de Fútbol lo condenó a la segunda categoría y le hizo perder todos los puntos de la temporada, exigiéndole que renunciara al título. Esa fue la más fuerte sanción, aunque no la única, ya que otros equipos que estaban involucrados también fueron escarmentados.

Una de las consecuencias del llamado Calciopolis fue que el scudetti, o escudete de campeón, fuera entregado al Internacional de Milán. El primer título de liga para los del Inter desde 1989 había llegado por vías indirectas; no tanto por méritos propios, sino por efecto del escándalo de los sobornos arbitrales.

El mejor defensa

Para Córdoba las cosas iban bien. Necesitó

Los jugadores del Inter de Milán, Javier Zanetti (a la derecha) e Iván Córdoba recogen la copa que los acredita como vencedores del XXXII Trofeo de la ciudad de Parma, disputado contra el local RCD Mallorca en el estadio Iberostar de la capital balear.

Aun dedicado al Inter de Milán, Iván encontró tiempo para los Cafeteros. En este contexto, Iván disputa el balón a Óscar Cardozo de la selección paraguaya, durante un partido de la Copa América 2007.

muy poco tiempo para silenciar las dudas que habían surgido con su llegada al Inter. Mucho se había hablado de sus condiciones; todos sabían que las tenía, pero algunos dudaban que las hiciera valer en un entorno tan competitivo como el italiano. En cuestión de unos años no sólo convenció a los escépticos; también logró la segunda capitanía detrás de Javier Zanetti.

Poco tiempo después fue elegido por los mismos seguidores como el mejor defensa libre en la historia del club. Otros planteles como el Manchester City y el Bayern de Múnich hicieron intentos de adquisición, pero el Inter no estaba dispuesto a dejar ir este enorme activo de sus filas.

Años fructíferos

Córdoba ayudó al los Nerazzurri no sólo a ascender, sino también a mantener su nivel durante mucho tiempo. La buena dirección y desempeño dio al Internacional de Milán 14 títulos en un periodo de cinco años, es decir, casi tres torneos por año. En todos ellos, el defensa colombiano fue pieza clave. Junto a Marco Matterazzi, Iván Ramiro consolidó la defensa milanesa como una de las mejores del mundo,

El detalle

Cuando el Inter cumplió cien años, los jugadores portaron las camisetas blancas con una cruz roja que usaban a principios del siglo XX.

permitiendo apenas 156 anotaciones en 190 partidos, menos de un gol por encuentro.

Con una deslumbrante cantidad de 14 títulos conquistados, Córdoba ganó cinco escudetes consecutivos entre 2005 y 2010, cuatro Copas de Italia, cuatro Supercopas, la Copa Mundial de Clubes de la FIFA y, para redondear estos logros, el mejor torneo de clubes del mundo: la Champions League.

Como parte de sus labores humanitarias, Iván ha hecho programas con la cadena MTV italiana para recolectar fondos. A su alrededor ha logrado reunir las voluntades de varios futbolistas italianos y extranjeros, a quienes la prensa ha bautizado como "los humanitarios". Por su labor con los niños, en Colombia ha recibido apoyo presidencial y la UNICEF lo nombró "Amigo de la infancia".

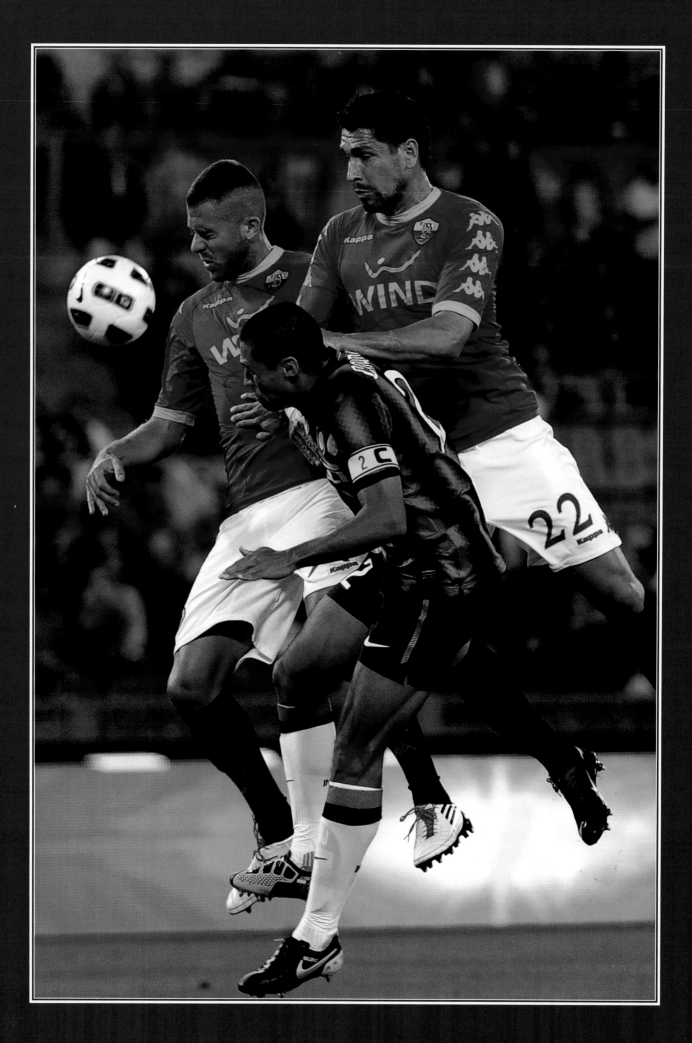

Iván pelea el balón ante Marco Borriello y Jeremy Menez del AS Roma, durante el partido de la Serie A que los enfrentó en el Estadio Olímpico de Roma, Italia, en 2010.

Sueños pendientes

EN JUNIO DE 2008, IVÁN, EL COLOMBIANO CON más años jugando en Europa, anunció que seguiría vistiendo la camiseta negra y azul al renovar, tal vez por última vez, su contrato con el Internazionale Milano hasta 2012. Su intención era retirarse del fútbol dentro del club que le abriera la puertas más de diez años atrás.

En 2010 cumplió diez años jugando en Italia, un logro poco visto en el competitivo fútbol europeo y, con más de 400 apariciones con el Inter, superó el récord de permanencia que tenía Giuseppe Meazza, el mejor futbolista italiano de su generación.

Cuento interrumpido

Pero si la carrera deportiva de Iván, que parecía tomada de un cuento de hadas, se aproximaba plácidamente a su fin sin mayores sobresaltos, la tragedia no tardó en aparecer. Como en los cuentos de hadas. El colombiano comenzó el 2010 en excelente forma; pero cuando la campaña empezaba a despegar, y el Inter pisaba firmemente en la Champions League, la edad comenzó a hacer mella.

Al final de la temporada el defensa sufrió una fuerte lesión que lo mantuvo lejos de las canchas. Fue el mejor año para su equipo: ganaron la Copa Italia, la Liga Italiana, la Liga de Campeones, la Súper Copa de Italia y el Mundial de

Clubes, pero Córdoba tuvo que ver los partidos desde las gradas. Lo único que estaba en su poder era acelerar su recuperación y volver al pasto lo antes posible. Tras finalizar la temporada más ganadora en la historia de los Nerazzurri en la banca, comenzó a reflexionar seriamente sobre el futuro.

Vislumbrar el retiro

Con todo, Iván decidió regresar para su temporada número 12 con la camiseta del Internacional. Sorprendentemente, recuperó su nivel de juego y comenzó a tener actividad regular. Desafortunadamente, otra más grave lesión volvió a incapacitarlo y las interrogantes volvieron con renovado vigor. Esta segunda lesión era la más grave de su carrera y lo mantendría fuera de las canchas durante tres meses. Al inicio de la temporada 2011-2012 se había recuperado, pero la decisión del retiro siguió penduleando sobre él como un constante recordatorio.

En 2012, Iván compartió su deseo de continuar en el mundo del fútbol, pero sin shorts, camiseta o zapatos de fútbol, sino, en sus propias palabras, como presidente

Iván levanta el trofeo de la Liga de Campeones de Europa junto a sus compañeros, tras vencer al Bayern de Múnich por 2-0 en la final del 22 de mayo de 2010, en el estadio Santiago Bernabéu de Madrid.

de la Federación Colombiana de Fútbol, con Mario Alberto Yepes como técnico de la selección. Detrás de este anhelo sin duda se hallaba otro que el defensa abriga desde hace años: volver a Colombia.

"El tiempo es corto. Todo el año uno espera (…) a la familia, que es lo que más se extraña por allá. Estar con los amigos (…) bajar a Medellín y subir a Rionegro. Aguantar calorcito y al ratico venir y sentir frío. Estar aquí es como darse una inyección de ánimo para volver a empezar."

"Colombia te quiere ver"

Además de su destacada carrera deportiva, Iván ha trazado también una admirable trayectoria en la ayuda humanitaria. Su empeño de muchos años deja ver un alma desinteresada que quiere hacer con su celebridad algo más que captar los flashes de los paparazzis. "Para nadie es un secreto que yo estoy en una condición económica estable, cómoda. La gente pide mi ayuda, mi solidaridad, y yo se la tengo que dar".

Lo lleva a cabo a través de una fundación que él mismo creó, que se llama "Colombia te quiere ver", organización sin

El detalle

Iván es un devoto creyente. Su fe lo inspira para ayudar a los niños menos afortunados, especialmente en Navidad. Su hija recibió la bendición del Papa Juan Pablo II en Roma, en un partido de estrellas.

fines de lucro que comenzó atendiendo, principalmente, a niños invidentes. La fundación es administrada por Fredy Cardona, un amigo de toda la vida; atiende a niños en las comunas de Medellín, suministra a varios restaurantes escolares y brinda asesoría psicológica. Con los años, "Colombia te quiere ver" ha extendido sus brazos para abarcar algunos barrios pobres de Argentina e Italia.

El San Raffaelle

Córdoba ha participado en más eventos humanitarios que cualquier otro futbolista. A través de su fundación pone en práctica nuevas ideas para recolectar fondos y, de paso, se divierte. Al final de cada partido le pedía a estrellas como Beckham, Ronaldo, Zidane o Roberto Carlos su camiseta autografiada para apoyar la causa. Luego, organizaba subastas en Milán con la ayuda de importantes empresas. Las camisetas llegaban a reunir hasta 20 millones de pesos cada una. Con el dinero obtenido atendía a miles de niños con problemas de la vista en Antioquía y Cartagena.

El detalle

Por su labor altruista, Iván fue candidato al premio de la paz de la región de Lombardía en 2005 y es alcalde honorario de Rionegro, su ciudad natal.

Otra iniciativa suya fue la restauración de un barco que estaba abandonado en el muelle de Buenaventura, para convertirlo en un barco-hospital de tres pisos, con tecnología de punta. La nave, que fue bautizada como San Rafaelle, hoy recorre la costa del Pacífico llevando servicios de odontología, pediatría y consultas médicas a quien lo necesite.

Iván también ha mostrado un gran corazón ante tragedias personales que sobrepasan los límites de trabajo de su fundación. En 2009 supo de un joven que se rompió los ligamentos de la rodilla durante un entrenamiento, que no tenía recursos para atenderse y su club se negaba a ayudarlo. Iván Ramiro cubrió todos los gastos médicos para que Harold Romaña pudiera continuar su carrera con el balón.

Padre de familia

En Milán, Iván Córdoba trata de llevar una vida normal con su familia. En 2003 nació su primera niña, María Paloma, y tres años después María Belén. Su hijo se llama Juan José. Un día normal en la vida de Córdoba significa llevar a sus hijas al colegio y regresar al medio día para comer con su esposa, María Isabel. Pasan la tarde juntos y ayudan a sus hijas a hacer la tarea. Cuando sale en la noche, le gusta ir al cine o convivir con sus amigos. Si se trata de relajarse en casa, le gusta leer o ver la televisión. Sus series favoritas son Friends, 24, Nip Tuck y Prison Break.

Además del fútbol, dedica también parte de su tiempo a atender un gimnasio que puso en Milán con Javier Zanetti. Sin embargo, su proyecto más ambicioso es llevar a buen término sus estudios en Master en Deporte que cursa en la Universidad de Milán, mismos que está por terminar, y que tienen que ver, sin duda, con sus planes a futuro como director deportivo, o tal vez promoviendo políticas de apoyo al deporte en su país.

Baúl de recuerdos

Iván Ramiro Córdoba parece tener claro el porvenir: "Hacer una carrera como directivo; prepararme bien en Europa porque creo que hay un sector dirigencial

Iván con sus hijos María Paloma, María Belén y Juan José.

del cual se puede aprender mucho. El día de mañana poder implementarlo en Colombia, empezando por Atlético Nacional."

Cerca del final de su carrera, el defensa prodigio colombiano tiene muchos recuerdos por compartir; algunos sólo él los conoce, otros los vive junto con miles de personas que han seguido de cerca su trayectoria: sus primeros pasos en el fútbol, aquel gol en la copa América 2001, su debut en una de las mejores y más competitivas ligas del mundo, incontables ataques desarticulados a los mejores delanteros del mundo, el Mundial del 98 que observó desde la banca. "Todo lo recuerdo con satisfacción, incluso las cosas malas, porque todo lo viví con gran compromiso, intensidad y orgullo", comentó en 2011, cuando celebró su cumpleaños número 35, rodeado de amigos. "Estoy muy orgulloso de lo que he hecho por mi país".

Iván Córdoba, captado aquí en la celebración del campeonato del Mundial de Clubes de la FIFA en 2010, se retirará como uno de los mejores jugadores colombianos de todos los tiempos.

Y con todos los recuerdos que se pueden atesorar en una carrera tan intensa, dilatada y exitosa como la de Iván, al final la más grande enseñanza que él comparte es algo que, en cierta forma, muchos otros han reconocido como la esencia de la auténtica felicidad: "Una vez me dijeron que el éxito no es llegar a ser algo o alguien. El éxito es poder ser feliz en el día a día."

Aun siendo defensa, Iván ha hecho importantes goles para sus equipos. En el Deportivo Rionegro y el Atlético Nacional hizo un tanto para cada uno; para el San Lorenzo anotó ocho veces; con el Inter traspasó la portería en 18 ocasiones y con la selección colombiana cinco, siendo el más importante el gol de la Copa América 2001.

BIBLIOGRAFÍA

Dávila, Andrés; Arteaga, José; Gonzal Zapata, Juan. *Colombia Gol: de Pedernera a Maturana, grandes momentos del fútbol colombiano*. Colombia: Editorial Cerec. 1991.

Galvis, Alberto. *100 años de fútbol en Colombia*. Colombia: Planeta, 2008.

Jaramillo Seligmann, Carolina. *Fútbol en Colombia*. Colombia: Villegas Editores, 2009.

Lissardy, Ana. "Iván Ramiro Córdoba, el Capitán". *Revista DonJuan*. (Febrero 2007), p. 41-51.

Wernicke, Luciano. *Historias insólitas de los mundiales de fútbol*. Colombia: Planeta, 2010.

RECURSOS de INTERNET

www.colfutbol.org

Página oficial de la Federación Colombiana de Fútbol, con noticias de la selección, artículos y reportajes sobre encuentros y jugadores; noticias y cuerpo técnico de las selecciones Sub15, Sub 17, Sub20 y mayores, así como información sobre las elimintorias hacia el Mundial de Brasil 2014.

www.colombiatequierever.com

Sitiio oficial de la fundación "Colombia te quiere ver", iniciativa de Iván Ramiro Córdoba, en beneficio de la niñez colombiana. Salud, educación y fomento al deporte son los principales objetivos de esta fundación que cuenta con apoyo de la UNICEF. Incluye información de programas, calendario de eventos y algunas notas sobre la vida de Iván.

www.futbolred.com

Noticias de fútbol colombiano. Resultados de la liga y de las eliminatorias hacia Brasil 2014, información extrensa sobre partidos y resultados nacionales. Contiene además noticias, videos y fotografías sobre las ligas internacionales como Italia, donde juega Iván Ramiro. Sección especial sobre colombianos en el exterior.

www.dimayor.com.co

Sitio Oficial de la Liga Colombiana de Fútbol Profesional. Sigue los resultados y clasificaciones de su división de Primera A o Copa Mustang y de la Categoría de Primera B. Contiene además reglamento de competición, estadísticas,tabla de goleadores, partidos retransmitidos por televisión, calendarios, últimos partidos, noticias.

www.inter.it/aas/hp?L=es

Página oficial del Inter de Milán, equipo en el que Iván Ramiro ha jugado las últimas doce temporadas. En español. Tienda virtual con souvenirs oficiales del Inter, historia del club, información del estadio y compra de boletos en línea. Tiene además información sobre próximos partidos, biografías de jugadores y agenda de entrenamientos del plantel.

ÍNDICE